L'ART DES BUTS

L'ART DES

BUTS

LA PIÈCE MANQUANTE POUR
ATTEINDRE SES BUTS DANS LA VIE.

BERGA ARTISTE
ALEX HOMIER AUTEUR

Copyright © **2023** by Alex Homier
ISBN- 9798374843668
Tous droits de reproduction et d'adaptation réservés.

CE LIVRE A ÉTÉ INSPIRÉ

DE

GRANT CARDONE.

PETIT RAPPEL

Après avoir lu ce livre, j'aimerais savoir si tu l'apprécies ou pas et s'il t'a été utile. Je serais vraiment reconnaissant si tu pouvais écrire un court commentaire sur Amazon. Ton support fait vraiment une différence et je lis personnellement tous les commentaires afin de pouvoir avoir ton point de vue et rendre ce livre encore meilleur.

Pour écrire un commentaire client, tu dois seulement cliquer sur la barre (écrire un commentaire client) dessous la charte de notes d'appréciations qui est dessous le livre en bas à gauche sur Amazon.

Merci d'avance pour ton support!

Allez sur notre page Facebook bergaforsuccess pour les sujets qui nous ont inspirés et les sujets à venir.

Contactez-nous pour plus d'informations :
bergaforsuccess@gmail.com

COMMENT LIRE CE LIVRE

Nous utilisons la phrase (The Art of Goals) en anglais au lieu de (L'art des buts) tout au long de cet ouvrage car c'est un nom, mais la signification est la même.

Ce livre est avant tout un livre de développement personnel et il est destiné à tous ceux qui ont de grands buts et qui cherche la pièce manquante afin de les aider à vraiment être capable de les atteindre avec un haut niveau de focus permettant de surpasser les distractions de la vie. En donnant de la puissance à tes buts à chaque jour et te mettant dans un état d'inspiration, de créativité et d'action constante et ce dans la bonne direction.

La section 1 explique qui est Berga et Alex Homier, les deux fondateurs de Berga for Success et comment ils vont t'aider.

La section 2 est ''The Art of Goals''(L'art des buts) combiné à l'habitude du milliardaire Grant Cardone pour se concentrer sur ses buts.

La section 3 est un entraînement en profondeur sur comment nous combinons ces 2 outils et une valeur inestimable de connaissance sur le sujet des buts, comment augmenter vos chances de les atteindre et devenir hyper-focus.

La section 4 est comment mettre ta propre signification à ''The Art of Goals''

La section 5 est la vision de Berga for Success et une histoire de succès en bonus.

Note: La première section de ce livre se répète dans tous les livres de la collection Power Of Art. Tu peux passer directement à la section 2 si tu as déjà lu la première dans un autre livre de la collection.

TABLE DES MATIÈRES

SECTION 1 QUI SOMMES-NOUS?   13

Qu'est-ce que la mission de Berga for Success?   15
L'histoire de Berga   17
Qu'est-ce que l'art et quel est son but?   21
Introduction de l'auteur Alex Homier   23
Complicité entre l'auteur et l'artiste   25

SECTION 2 QU'EST-CE QUE LA PIÈCE MANQUANTE   27

Inspiration derrière "The Art of Goals"   29
La description de The Art of Goals   33
Voici mon message   35

SECTION 3 COMMENT UTILISER SES BUTS POUR CRÉER SON FUTUR   37

Pourquoi avoir des buts   39
Écrire ses buts   43
Créativité sans mécanique.   49
Projection dans le futur   55
Résumé   57

SECTION 4 COMMENT DONNER SA PROPRE SIGNIFICATION À "THE ART OF GOALS"   61

Comment donner sa propre signification à son oeuvre   63

SECTION 5 HISTOIRE DE SUCCÈS ET VISION   65

Histoire de Succès   67
Vision de Berga for Success   69
Prépare-toi   73
Bonus: coupon gratuit   81

SECTION 1

Qui sommes-nous?

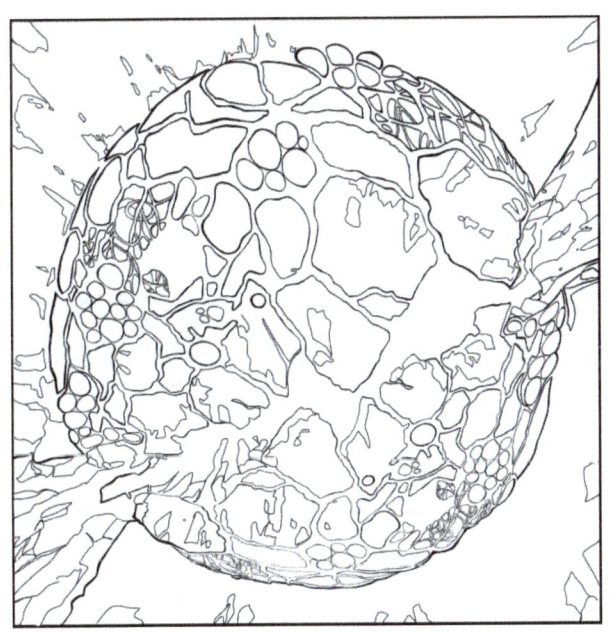

QU'EST-CE QUE LA MISSION DE BERGA FOR SUCCESS?

Qui sommes-nous? Nous sommes une entreprise qui a pour mission de créer un mindset à succès et des espaces puissants pour atteindre ses buts, que ce soit financiers, relationnels, sportifs ou n'importe quel autre but que vous voulez atteindre. Nous allons vous aider à avoir un mindset à succès à travers nos différents produits et services (gratuits et payants), pour que peu importe votre situation ou ce que vous visez, cela s'adapte à vos besoins. Voici quelques exemples de produits/services que nous offrons : des livres, des œuvres d'art inspirantes, des conseils en design, du coaching et bien plus.

L'HISTOIRE DE BERGA

Mon nom est Berga. Je suis très heureux que vous ayez reçu votre livre et/ou votre œuvre. Je vous invite à prendre deux minutes de votre temps pour lire mon histoire. Vous découvrirez comment je suis passé de designer et artiste à visionnaire.

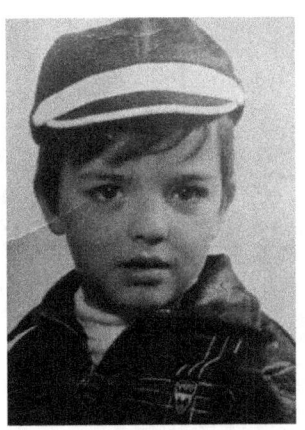

Je fais partie de ces gens qui, à 5 ans, ont déjà la certitude d'être un créateur d'idées et un artiste peintre. Cependant, la chose que je ne savais pas, c'est qu'à mon premier jour d'école, je serais victime d'intimidation, que j'aurais peur à chaque jour, je serais invalidé, étiqueté et que les répercussions de tout ça allaient faire en sorte que je devienne le mouton noir de ma famille pendant vingt ans.

À travers toutes ces années parsemées de moments difficiles, la seule chose qui n'a pas changé et qui m'a sauvé est ma passion inébranlable pour la création et l'art.

À 16 ans, après avoir fini un cours en dessin publicitaire et ne retournant pas à l'école, les gens m'ont demandé ce que je voulais faire dans la vie. Quand tu réponds "artiste", on te félicite d'être un artiste et on t'avise que ça signifie de prendre de la drogue, manger du beurre d'arachide et être pauvre. Et on te souhaite bonne chance.

C'est certain que je voulais être un artiste! Je voulais aussi comprendre les éléments qui entourent ce statut : le marketing, la vente, la communication, la gérance. J'ai donc travaillé dans plusieurs domaines afin d'aller chercher des connaissances et à temps partiel, je vendais des dessins, ensuite des displays dans des vitrines et dans les magasins, et finalement, j'ai eu l'opportunité de désigner un premier magasin avec l'objectif de lancer ma carrière de designer, un métier que j'exerce depuis plus de 35 ans.

La chose la plus extraordinaire que j'ai découverte par des essais et erreurs, en 35 ans, c'est que dans le design, il y a plus que les couleurs et les finitions.

Il est plus important de comprendre les gens, car l'efficacité d'un design comprend trois facteurs importants :

- Il doit créer une réaction d'émotion sur l'individu;

- Pour faire cela, on doit utiliser l'art qui est la clé de la communication;

- Finalement, trois éléments de marketing sont essentiels : attirer, intéresser et passer un message.

Avez-vous déjà fait l'expérience?

Vous allez dans un restaurant avec l'idée de dépenser seulement 200 $, et finalement, vous passez une belle soirée avec votre conjoint et vos amis. Vous oubliez les enfants, le travail, les problèmes de la vie et vous commandez une autre bouteille de vin, un dessert de chaque sorte, un petit digestif, puis finalement, la soirée vous a coûté 325 $.

Cela montre l'efficacité d'un excellent designer.

Si vous allez à l'épicerie pour seulement vous achetez un homard et que vous sortez de là avec du beurre à l'ail, une baguette, du vin, une tarte, et que ça vous coûte 50 $ de plus que prévu.

Cela montre l'efficacité d'un excellent designer.

Si vous allez manger un hamburger et des frites pour 20 $ et que vous partez aussitôt après avoir fini, cela montre l'efficacité d'un excellent designer, car on a besoin de libérer la place pour avoir le maximum de 20 $ dans une heure.

Ces trois facteurs appliqués dans un design ont changé la vie de plusieurs propriétaires d'entreprises, au niveau du rendement et du moral des employés ainsi que des impacts sur les clients et les revenus.

Alors pourquoi utiliser ces trois facteurs uniquement pour les entreprises? Ils devraient être accessibles pour chaque personne. J'ai donc créé la collection POWER OF ART, qui vous donnera du pouvoir à travers toutes les distractions de la vie. Il est très important de comprendre que vous êtes exceptionnels; mon œuvre a seulement pour but de vous rappeler votre puissance innée à atteindre vos buts.

BERGA

QU'EST-CE QUE L'ART ET QUEL EST SON BUT?

Qu'est-ce que l'art?

L'art est une activité, le produit de cette activité ou l'idée que l'on s'en fait, qui s'adresse délibérément aux sens, aux émotions, aux intuitions et à l'intellect.

Son but

L'art a pour but de communiquer.

Nous avons tous des chansons ou des films qui nous ont marqués, qui nous rappellent des moments de bonheur ou des moments difficiles. Ils font partie de notre vie. Ce sont des œuvres qui ont été créées par des artistes et qui ont atteint leur but : la communication.

Une œuvre d'art a le même but. Bien sélectionnée, elle fera partie de votre vie, elle communiquera autant qu'une photo de famille qui meuble vos murs. En un seul regard, vous recevrez son intention.

INTRODUCTION DE L'AUTEUR
ALEX HOMIER

Bonjour, je m'appelle Alex et j'ai quitté ma carrière d'employé journalier et d'homme à tout faire de plus de 15 ans pour suivre mon rêve d'aider les gens à voir plus grand et à atteindre leurs buts. Je fais cela à travers les livres et les discours. Je suis maintenant un écrivain et conseiller focussé sur les buts, la motivation et l'amélioration continuelle de soi pour élever notre niveau de conscience et ainsi faire plus que seulement le strict minimum, d'élever une famille et de prendre des vacances. Je sais que nous pouvons accomplir plus que ce que nous sommes présentement en train de faire, alors j'ai décidé de me consacrer à créer un monde meilleur, rempli de personnes plus ambitieuses et qui foncent pour atteindre leurs buts, pour leur bien et celui des autres.

Ma plus grande passion et la chose la plus importante que je veux apporter au maximum de gens est d'élever sa motivation, son niveau de conscience et de compréhension sur les sujets et concepts de succès pour permettre d'avoir une meilleure vie.

Pour moi, augmenter mon niveau de conscience et ma motivation est ma priorité et le meilleur sentiment que je cherche chaque jour. Vous savez le genre d 'OMG! Ce que je viens de comprendre vient de changer ma vie, ma façon de la voir et comment je vais la vivre avec un super gros sourire et un état d'enthousiasme pour plusieurs jours. Tout est maintenant tellement plus simple. Voilà le genre de sentiment dont je parle. Je le fais donc à travers mes livres et aussi à travers les réseaux sociaux et de le faire avec Berga et son art est merveilleux, car ses œuvres représentent et imprègnent ces éléments de succès dont je parle.

COMPLICITÉ ENTRE L'AUTEUR ET L'ARTISTE

Auteur

Cela fait neuf ans que je connais Berga, lui et son art sont de loin ce qui m'a le plus inspiré et aidé à voir grand et à travailler fort pour atteindre de grands buts dans ma vie. Ses œuvres d'art et surtout ce qu'elles communiquent, qui sont en fait une partie de sa personnalité littéralement, ont éveillé ma créativité et grossi mon désir d'atteindre tout ce que je veux et de permettre aussi aux autres d'atteindre un meilleur niveau de créativité et d'avoir de grands buts.

Pour ceux qui ne savent pas ce que je fais exactement avec Berga dans notre compagnie Bergaforsuccess. Pour commencer je suis le cofondateur et je m'entretiens avec Berga en rapport à son œuvre d'art et ensuite, j'écris un livre en lien avec l'artiste et sa création. Je prends soin d'inclure le plus d'informations possible, pour que vous compreniez bien ce que le tableau veut dire, et puis j'ajoute une meilleure compréhension du concept de succès. J'en parle davantage, puisque je suis conseiller en développement personnel et je trouve vraiment important ces concepts et que je veux que le plus de gens possible comprennent et appliquent ces concepts à succès qui changent ma vie à tous les jours.

Artiste

Quand je crée une œuvre spécialement dans cette collection Power of art, la communication de mon œuvre est importante pour moi. Personnellement, je la vis et la crée, et parfois, cela me donne beaucoup d'émotions, ce qui me permet de réaliser que je suis dans la bonne direction avec mon œuvre.

J'aime créer et peindre, alors j'avais besoin de quelqu'un qui puisse écrire mes pensées, mon inspiration derrière l'œuvre. Je voulais offrir aux gens plus qu'une création; je voulais que la communication soit directe et qu'ils puissent vivre l'émotion que j'ai ressentie en créant.

Alex fait partie de ma vie depuis plusieurs années et il a développé une passion pour l'écriture. J'ai été un des ses premiers admirateurs à l'encourager à persister. Je voulais aussi travailler avec une personne pour qui j'aurais beaucoup d'admiration et surtout, qui chercherait à progresser dans la vie, afin qu'il puisse aussi comprendre la vision que j'ai pour mon art, en plus d'ajouter et d'élaborer sur le sujet qui touche mon art.

Alex a définitivement la complicité que je désirais avoir avec la personne qui écrirait mes pensées. Je souhaite avoir cette même complicité avec vous, à travers les écrits de mon auteur.

SECTION 2

Qu'est-ce que la pièce manquante

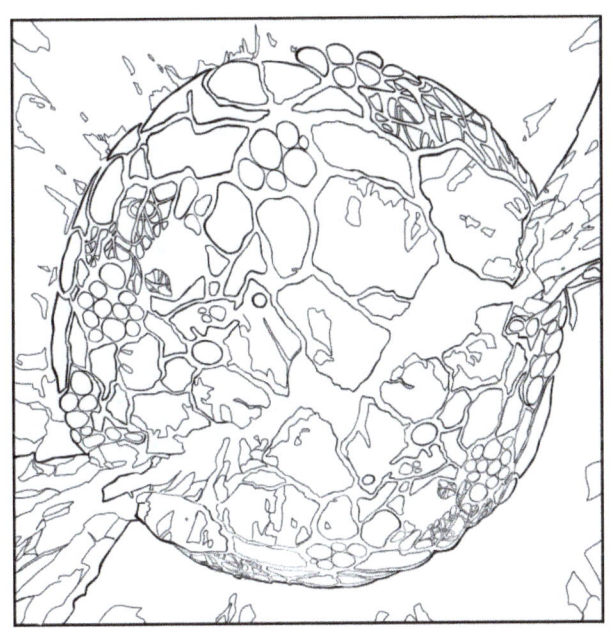

INSPIRATION DERRIÈRE "THE ART OF GOALS"

J'ai enfin pris le temps de réaliser cette œuvre, elle a été suspendue dans ma tête pendant des mois. J'ai lu le livre 10X Rule de Grant Cardone, auteur de huit best-sellers et 13 programmes commerciaux avec un portfolio d'immobilier de 4 milliards de dollars et reconnu numéro 1 en marketing par Forbes. J'ai tout de suite mis en application une de ses actions de succès, qui est d'écrire ses buts à tous les matins et à tous les soirs. Je trouvais l'idée géniale, j'ai appliqué ce concept sans hésitation et je voulais définitivement réaliser une œuvre à partir de cette idée nouvelle.

Je peux vous dire que d'avoir commencé à effectuer cet exercice deux fois par jour a changé quelque chose dans mon univers. Ça donne une stabilité, une vision, ça crée un focus sur les bonnes choses, les raisons pour lesquelles on se lève tous les matins. Voilà l'importance de lire, particulièrement des livres de gens à succès qui vous prodiguent des conseils pour améliorer votre vie.

Une des choses que j'ai rapidement réalisées en voulant appliquer ce nouvel exercice, c'est que la routine de la vie, les imprévus et les distractions te font rapidement oublier cette nouvelle habitude que tu avais décidé de mettre en place.

Voilà pourquoi j'ai ajouté à ma collection POWER OF ART l'œuvre THE ART OF GOALS.

En me levant le matin, une des premières choses que je voulais voir était l'importance de vivre avec des buts. J'ai fait cette œuvre pour moi, mais, bien sûr, je vous la partage.

Voici le livre qui m'a inspiré. Je crois qu'il est disponible en plusieurs langues. Il peut changer votre vie, du moins, il a définitivement changé la mienne.

L'ART DES BUTS

LA DESCRIPTION DE THE ART OF GOALS

Voici la description de mon œuvre, afin que vous ayez une compréhension complète de sa communication, pour vous permettre de recevoir d'un seul coup d'œil son intention.

La sphère représente le jour et la nuit; un côté clair peint de jaune représentant le jour et un côté bleu-noir représentant le soir. En référence à l'action d'écrire les buts le matin et le soir.

On peut voir l'effet miroir entre le jour et le soir, représentant le fait de réécrire les mêmes buts, il est évidemment permis d'en ajouter ou de les modifier. Personnellement, je ne prends pas le temps de relire les buts que j'ai écrits le matin; j'écris seulement ce qui me vient en tête sur le moment.

Les différentes formes sur la sphère représentent des buts de différentes grosseurs. Certains sont déjà en action, d'autres, réalisables rapidement. Il y en aussi qui demandent un peu de temps et d'autres, plusieurs étapes avant d'être réalisés. Il ne faut pas oublier ceux qui semblent simplement impossibles. La chose à se rappeler en écrivant ses buts est que plus ils sont gros, plus ils sont excitants et motivants, donc il ne faut jamais se limiter à la grosseur.

Le côté très coloré de l'œuvre démontre la créativité, sans limite, sans mécanique, juste de l'imagination, rien de plus. Certains ont deux couleurs, démontrant les différentes étapes avant la grande réalisation du but visé. Ceux qui ont un côté plus organique démontrent un mouvement qui se produit au moment même de votre vie.

On peut voir les couleurs hors de la sphère qui semblent se projeter dans l'univers après avoir été pensées pour ainsi les réaliser en prenant action. D'où l'importance d'avoir des buts et d'y apporter une attention chaque jour. Ils sont votre futur.

Dernière chose : dans chaque œuvre que je réalise, j'aime avoir une communication directe avec la personne qui a été touchée par mon art.
Je prends la liberté d'ajouter un petit coup de pinceau d'une couleur unique, un seul endroit. Souvent très discret, ce petit coup de pinceau supplémentaire est une communication de moi à vous que je désire vous envoyer.

Chaque fois que vous allez croiser du regard cette couleur, elle vous rappellera le message que j'ai pour vous.

Je vous laisse le plaisir de découvrir l'emplacement de cette couleur unique.

VOICI MON MESSAGE

Merci de me donner l'opportunité de faire partie de votre décor. Par ce geste, vous m'avez permis d'avancer sur un de mes buts.

Je suis persuadé que vous avez le potentiel de réaliser vos buts, peu importe l'effort et le temps que vous devrez y consacrer. Une autre étape de votre succès est devant vous, savourer chaque moment. Soyez fier de vous.

Je viens de vous élaborer la signification de mon œuvre, alors maintenant, voici ce qu'elle me communique d'un seul regard.

Elle me rappelle l'importance d'écrire mes buts, le matin et le soir, me dit que je suis sans limite, que je peux tout réussir si je continue à créer à la hauteur de mon potentiel.

Il me rappelle d'être concentré sur mes buts et me donne une vue d'ensemble de mon futur. Peu importe les distractions, les épreuves, les situations incontrôlables de la vie, de garder une vision sur mes buts, pour le futur que je désire. Ça me ramène à mes buts et pourquoi je dois les atteindre.

Si vous désirez participer à un autre de mes buts, écrivez-moi les vôtres, ainsi que vos réalisations.
Merci encore et bienvenue dans mon univers.

SECTION 3

Comment utiliser ses buts pour créer son futur

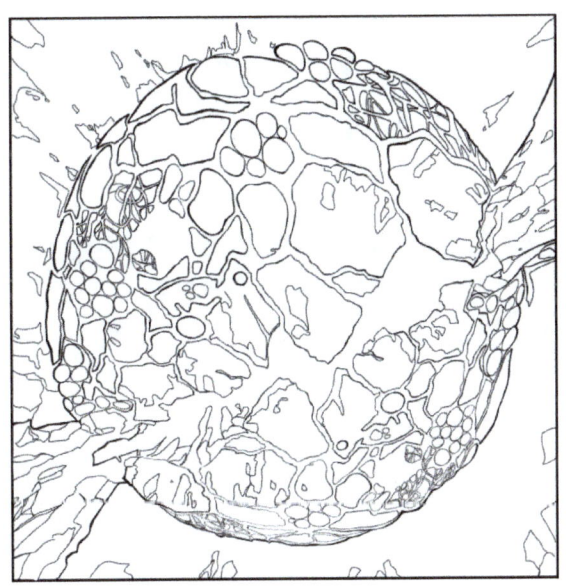

POURQUOI AVOIR DES BUTS

Les buts sont ce qui alimente notre motivation, ils nous rendent enthousiastes à notre futur et nous permettent de vivre sans arrêt vers une progression d'une vie qui nous excite. Chaque but nous permet de nous pousser dans une partie de la vie et donc de se développer. De devenir une meilleure personne pour nous et pour les autres. Les buts sont vraiment ce qui va nous différencier des autres. Nos connaissances, nos compétences et nos centres d'intérêt sont dictés par nos différents buts.

Quand on regarde les gens à succès, ils ont un grand but et se dirigent dans une direction précise. Les athlètes aussi et je sais que nous avons tous de grands buts. Parfois, ils sont seulement enterrés par le vernis social et notre environnement. La meilleure façon de se recentrer est de changer d'environnement, temporairement ou de manière permanente, car nous ressentons le besoin de réorienter notre vie, de recommencer une nouvelle vie et donc nous avons de nouveaux buts en tête.

Le pire est la stabilité, la satisfaction et le confort. Dès l'instant où nous devenons satisfaits et/ou confortables, nous arrêtons de progresser et c'est là que nous commençons à dégringoler la pente. Il est important de ne jamais arrêter d'avancer et de faire et d'apprendre des nouvelles choses qui nous rendent inconfortables. Nous devons faire le plus de nouvelles choses inconfortables, car elles le sont seulement puisque nous ne sommes pas familiers avec elles. Si on ne vit pas la vie qu'on veut, on doit seulement trouver la vie qu'on veut et les actions que cette vie implique et commencer à faire ces actions nouvelles, donc inconfortables, et ainsi devenir habitués à les faire et obtenir la vie désirée. Faites ce que les autres et vous-mêmes ne faites pas pour obtenir la vie que vous et les autres n'ont pas.

Maintenant, simplifions les buts.

Si on prend vraiment le temps d'y penser, nous avons atteint des buts toute notre vie. Déjà, à un jeune âge, d'apprendre à parler, à manger, à marcher, à faire pipi dans un petit pot, apprendre à lire, à écrire, les connaissances académiques, le premier travail et conduire une voiture, il n'y a pas de fin à la liste des buts qui ont été atteints.

Mais à un certain moment de la vie, on oublie l'importance d'avoir des buts, en suivant seulement la tendance et la société ou ce que l'école et nos parents nous ont appris : va à l'école, obtiens un diplôme et ensuite, un bon job. Nous en venons à penser que c'est le but de la vie et que tant et aussi longtemps que nous ferons cela, tout va bien aller. Quand on y pense, tout ce temps, l'adolescence est le temps le plus précieux que l'on ait pour créer notre vie de rêve, mais nous sommes aveuglés par le vernis social, le sexe, l'alcool, la drogue et tout plein de plaisirs de la vie qui ne rapportent rien pour notre futur. Mais comme on n'est jeunes et que nous n'avons pas eu à prendre nos responsabilités, nous continuons en nous disant comme la majorité : « Je dois profiter de ma jeunesse, on est jeune qu'une seule fois.» C'est complètement stupide, car avec cette attitude, on s'empêche de s'ouvrir les yeux et de progresser. Ce n'est pas 100 % des gens qui deviennent comme cela, car par chance,

certains ont eu à prendre à un certain degré leurs responsabilités de leur vie ou de leur futur, mais là, je parle de la généralité aveuglée par la société actuelle. Jusqu'à ce que nous atteignions l'âge adulte et ce supposé but que certains atteignent et que d'autres ont abandonné. À ce moment-là, les deux groupes de personnes, celles qui ont abandonné et celles qui ont réussi, s'ils ne se donnent pas de nouveaux buts, ils vont un jour ou l'autre devenir déprimés, avoir un manque de motivation et se demander pourquoi ils font tout cela. Pour commencer, ce but n'était originalement peut-être même pas un but qu'ils avaient choisi par eux-mêmes. Sachant cela, c'est normal qu'ils n'aient pas de motivation. Ou on considère que cet objectif a été atteint et même parfois, à cause des responsabilités de tous les jours, on arrive finalement à oublier que l'on avait d'autres buts.

La façon de vivre pleinement la vie et de l'apprécier est de la défier avec des buts.
Pour bien comprendre la signification du mot but, pour y mettre une pleine compréhension, en voici une définition : (Dictionnaire le Robert)

1. Points visés, objectifs.

Vous pouvez voir que vous allez ultimement avoir besoin de mettre des efforts pour atteindre vos objectifs et que cela requiert un engagement aussi

42

ÉCRIRE SES BUTS

J'ai une question pour vous : combien de temps passez-vous à travailler, par jour ou par semaine, sur vos buts? Et si je vous disais que le temps passé sur vos buts, par semaine et par jour, va vous aider à rester concentrés et à les atteindre, est-ce que vous augmenteriez votre temps par jour et ainsi par semaine? Ce livre va vous aider à passer plus de temps sur vos buts et ainsi augmenter vos chances de les accomplir. Dans la vie, nous obtenons seulement ce que nous demandons. Plus tu demandes et plus tu recevras et plus tu donnes aux autres et plus cela te reviendra. Donc plus tu travailles vers tes buts, plus tu vas devoir faire face à des inconforts et parler à des gens, les aider et donner de l'énergie pour l'accomplissement et plus cela va te revenir, crois-moi. Même quelqu'un qui reste sur son divan obtient ce qu'il pense, c'est-à-dire devenir moins en santé, alcoolique, etc. Donc s'orienter vers nos buts est la clé et le contenu de ce livre va vous permettre cela, être centrés sur vos buts, et ainsi pouvoir prendre des actions massives pour les atteindre. Croyez-moi, par expérience, les efforts et l'attention que vous allez y mettre vont vous rapporter des résultats, c'est sûr à 100 %.

Il faut écrire ses buts le matin et le soir et puis quand ça ne va pas bien. À n'importe quel moment de la journée, quand vous vous sentez déprimés ou confus en rapport à votre vie, eh bien, vous devriez aussi les écrire, cela va instantanément vous remettre sur la bonne voie et vous motiver.

Maintenant, voici pourquoi c'est mieux de les écrire, à la place de juste les lire. Premièrement, cela impliquera un sentiment de discipline, un effort, une implication vers vos buts. Cela vous mettra déjà dans un état d'esprit, dans un engagement et va donc vous aider à travailler vers ces buts-là. Les écrire deux fois par jour, cela va vraiment vous aider à garder votre focus. Vous penserez plus à eux et ce que vous pensez dans la vie va se refléter sur ce que vous dites et faites et puis vous allez créer votre nouvelle réalité.

Personnellement, cela me fait commencer la journée avec un haut degré de focus et je finis ma journée avec ce même focus. Ça me rend heureux et motivé, de me réveiller le lendemain pour travailler sur mes buts.

Plus vous écrirez vos buts, plus ils vont se modifier. Vous allez en effacer et en mettre de nouveau. Vous verrez une évolution de vos buts. Quelques journées, vous pouvez avoir dix buts et d'autres, vingt buts, ce n'est pas important. Ce qui est important, c'est l'intention que vous avez quand vous les écrivez et que vous voulez vraiment les atteindre. L'intention est plus importante que les mots, rappelez-vous ça. Maintenant, c'est normal, de temps en temps, de manquer d'inspiration, mais les buts les plus importants à vos yeux, croyez-moi, vous n'oublierez pas de les écrire.

Si vous avez déjà été à la recherche d'une vitamine naturelle pour avoir une meilleure attitude dans la vie, la voilà. Plus vous allez les écrire et plus vous sentirez qu'ils sont atteignables. Ils deviennent de plus en plus réels, chaque fois que vous les écrivez, que vous les voyez, que vous pensez à eux, que vous parlez d'eux et travaillez dans l'optique de les atteindre. C'est comme ça que vous créerez votre nouvelle réalité. Votre vie de rêve, en fixant vos rêves et en les mettant devant vous et surtout, en travaillant dessus chaque jour.

Pour qu'un but se réalise, il doit premièrement être pensé, donc être créé dans votre univers et une fois cela fait, l'amener dans l'univers physique avec des actions et puis le créer ou plus précisément, le rendre réel. Cela m'amène à vous donner un petit exemple que si vous y pensez, il reste dans votre univers, mais en l'écrivant, votre but, il devient présent dans l'univers physique et donc à ce moment, vous venez de faire votre premier pas vers l'accomplissement de ce but dans cet univers que l'on a tous en commun. C'est donc un total *goal booster*, de les écrire.

C'est donc beaucoup mieux de les écrire à la main, car vous les mettez dans l'univers physique, tandis que si vous les écrivez sur votre téléphone, ils sont dans l'univers virtuel et si vous ne faites que les penser ils restent dans votre propre univers de pensée. Et vous visez à vivre votre vie de rêve dans l'univers physique, et non virtuel ou en pensée.

Note importante : je recommande de les écrire comme s'ils étaient déjà acquis.

Exemple : « J'ai une maison de 500 000 $ » et non « J'aimerais avoir une maison de 500 000 $ ».

Vous ne voulez pas d'un espoir, vous voulez rendre ce but, le vôtre, atteignable à 100 %. Personnellement, cela me donne le sentiment d'être en contrôle, de faire ce qu'il faut pour l'atteindre, donc dans un état de cause au lieu d'être en état d'effet à me demander si je vais l'atteindre.

Cela va aussi respecter le concept de succès et l'œuvre d'art de Berga nommée ''Be.Do.Have.'' Cela veut dire, en bref : pour avoir, tu dois d'abord être, et ensuite faire, et puis tu auras et/ou si tu demandes ce que tu veux avoir et ensuite fait les actions pour l'avoir tu seras cette personne qui as cet attribut ou nouvelle chose que tu cherchais à avoir. Pour plus d'informations sur Be.Do.Have, rendez-vous à la dernière page.

Donc, vous allez être votre but (je possède une maison, je pèse 150 livres, j'aide 1 million de personnes à avoir un toit au-dessus de la tête, etc.) Ce sont seulement des exemples de buts, maintenant, créez les vôtres.

Maintenant que vous avez votre maison et que vous pesez 150 livres, vous allez agir en conséquence, pour finalement atteindre et être cet état.

CRÉATIVITÉ SANS MÉCANIQUE.

Il est très important de les écrire sans mécanique et de penser grand. Pour que vos buts vous motivent, ils doivent être intéressants et excitants à atteindre. Ne vous limitez jamais, en ce qui concerne l'ampleur de vos buts. Vous devez aussi penser à l'ensemble des parties de votre vie, pas seulement une ou deux, comme être super en forme et posséder une belle voiture. Pensez à toutes les autres parties que vous aimeriez atteindre dans la vie, pour être heureux, car pour finir, le but est de devenir heureux le plus souvent et longtemps possible et par rapport au plus de choses et situations. Je veux que vous sachiez que le simple fait d'être en train de penser à un certain but, c'est dans votre imagination et votre imagination est tout, elle est une projection de ce que vous allez attirer dans le futur.

Vous ne devez jamais craindre de faire quelque chose d'inconfortable. Votre futur sera seulement meilleur si vous parvenez à toujours accomplir et faire des choses inconfortables, sinon il va rester identique. Donc arrêtez de trouver des raisons de ne pas faire telle ou telle chose et ayez vos grands buts et allez les atteindre. Même la marque populaire Nike le dit : ''JUST DO IT''. Alors, écrivez ce que vous aimeriez vraiment et allez faire ce qu'il faut pour l'obtenir. Les choses que nous n'essayons pas d'obtenir, nous ne les aurons pas, alors faites tout ce qui peut augmenter vos chances de les obtenir. Écrivez vos buts et allez les atteindre en persévérant et en devenant une meilleure personne.

Pour persévérer vers vos buts, le développement personnel est une clé et je l'utilise chaque jour. D'ailleurs, dans tous mes livres, il y a une part de cela.

Voici une phrase que j'entends souvent : « Si j'ai de trop grands buts, je ne vais pas réussir et être déçu, déprimé ou découragé. » Ce sentiment est totalement faux et je l'ai eu moi-même. Il est faux, car le problème à régler est à la source. Le réel problème est que les buts n'étaient, à la base, pas assez grands pour suffisamment exciter et vouloir réellement les atteindre. Si vous êtes déçus de ne pas atteindre un petit but, alors ne croyez-vous pas que ce serait mieux d'avoir de grands buts, que vous atteindrez peut-être ou pas, mais qui vont vous motiver et vous faire avancer beaucoup. N'importe quoi dans la vie qui ne semble pas valoir la peine de se battre ou de travailler ne sera pas suffisant pour vouloir l'atteindre, donc nous allons abandonner.

Il y a deux raisons pourquoi tu ne ferais pas quelque chose:

1. Les gains ne sont pas assez grands.
2. Il n'y a pas de menace dans ton environnement.

Si tu as une menace dans ton environnement, tu vas prendre les actions nécessaires pour changer cela ou si tes gains sont assez grands, tu vas faire les efforts nécessaires pour atteindre ce but. Donc avoir de grands buts avec de grands gains et tu peux même te créer tes propres menaces artificielles si tu en as besoin pour te garder encore plus motivée à atteindre tes buts.

Donc la chose la plus importante à se rappeler quand vous écrivez vos buts est de voir grand, les petits buts ne servent à rien. Bien sûr, vous allez atteindre beaucoup de petits buts pour atteindre le gros, mais ils font seulement partie de votre aventure vers l'atteinte de vos grands buts. Cela ne sert donc à rien d'y penser et de les écrire, ils vont se passer et être atteints de toute façon. Ils vont vous créer du Momentum et de courts instants de motivation lorsque atteints et vous montrer que vous progressez vers votre grand but. Vous devez augmenter votre façon de voir les choses. Un jour, ce qui est grand va être petit et c'est en pratiquant cet exercice des buts et de travailler pour les atteindre que vous atteindrez un autre niveau de conscience face à la grosseur, l'ampleur et le degré de difficulté des actions et des buts. Donc écrivez les choses dont vous rêvez le plus et que celles-ci soient GRANDES !!!!! Voyez grand !!!

Pensez à un moment ou à quelque chose que vous avez attiré et que cela s'est passé. En tout cas, moi, chaque fois que j'ai pensé à quelque chose, même dans un état de déprime ou de bonheur total, ladite chose m'est arrivée, même si je n'y croyais pas trop. Tout cela, car j'y ai pensé et mes actions ont ensuite été dictées en fonction de cela. Voilà ce qu'il se passe quand tu alignes deux univers; ta pensée et l'univers commun que l'on vit. Ensemble, les choses se créent.

Vous ne devez jamais mettre de mécanique dans vos buts, sinon vous n'allez tout simplement jamais y arriver. J'ai enseigné cette technique à plusieurs personnes et nombreux sont ceux qui, au début, n'étaient tout simplement pas capables d'écrire un seul but, car sans arrêt, il y avait des pensées négatives ou qui vous limitaient face aux buts pensés (Comment vais-je réussir cela? Oh non, je ne suis pas le genre de personne qui va réussir à accomplir plus dans la vie, ceci n'est pas fait pour moi.) D'autres personnes, et cela arrive très souvent, se disent qu'elles n'ont aucun but en tête. Et c'est justement pour ça que ces gens ne sont pas heureux. Ce que je leur réponds pour les sortir de ce cycle de mécanique est de tout simplement faire un remue-méninge de tout ce que, selon eux, représenterait une belle vie, si tout était possible, s'ils avaient le choix d'avoir ou d'accomplir n'importe quoi. Et donc, si vous, qui êtes en train de lire ces lignes, êtes dans cet état, je veux que vous pratiquiez tout de suite cet exercice.

Dresser une liste de tout ce que vous aimeriez faire, accomplir ou avoir dans la vie, si vous pouviez réussir à avoir ou accomplir ce que vous voulez.

Ensuite, une fois la liste complétée, réduisez-la pour ne garder que ce qui est possible dans cet univers.

Donc si vous aviez écrit que vous voulez les pouvoirs de Superman, vous pouvez enlever cela, car, bien sûr, nous ne voulons pas et n'avons pas de laser avec nos yeux. Belle essaie! Peut-être qu'avec la science tu peux faire ça, en fait je ne le sais pas.

Donc, ce qui va rester dans la liste, ce sont vos buts. Maintenant, vous pouvez constater que vous avez beaucoup plus de buts que vous ne le pensiez, certainement plus que zéro. Ensuite, cela ne veut pas dire qu'ils resteront les mêmes, demain matin, en les écrivant ou encore dans une semaine ou un an. Nos buts évoluent avec le temps et c'est en les écrivant constamment que réellement nous apprenons ce qu'ils sont. Maintenant, chaque jour, écrivez vos buts malgré le degré de difficulté que cela semble comporter et à la longue, ils vous deviendront plus réels et atteignables.

Faites en sorte d'accomplir le plus de buts dans votre vie, alors n'hésitez pas et n'ayez pas de jugement à les écrire.

PROJECTION DANS LE FUTUR

Pensez à un grand et même immense futur. Je pense que je ne le dirai jamais assez, ton futur ne va jamais être aussi beau que dans ton imagination, car ton imagination progresse sans cesse. Alors plus tu imagines grand et plus tu vas créer un beau futur pour toi. N'arrête jamais de rêver grand et d'agrandir tes buts, n'ait pas peur de les modifier quand ils sont atteints ou qu'ils semblent maintenant petits. Cela m'arrive souvent qu'un but qui m'excite et que je voyais impossible devienne, après plusieurs mois, plus assez grand pour m'exciter, alors je l'agrandis. Il faut rêver grand pour devenir grand. Plus nous nous retenons à écrire et avons de grands buts, plus nous nous retenons d'atteindre une belle et grande vie que nous avons réellement envie d'avoir.

Bien sûr, vous allez avoir des distractions dans la vie, des grosses et des plus petites. Elles essaieront toutes de vous rendre plus confus et de vous montrer un autre chemin qui est basiquement une perte de temps et d'énergie, s'il ne contribue pas à l'atteinte de vos buts.

Expérience personnelle : depuis que je me sers du tableau des buts comme rappel d'avoir de grands buts, je suis discipliné à les écrire et de la bonne manière, je suis super inspiré et motivé à atteindre de meilleurs niveaux, et super positif à atteindre une vie meilleure dans tous les sens. Il n'y a pas une journée où je ne progresse pas vers mes buts et ce simple fait est assez pour me montrer que je fais les bonnes choses et cela me rend donc heureux un peu plus chaque jour. Avoir de grands buts me pousse à aller plus loin, à aider les autres, à produire pour gagner, pour réussir. Tout cela me rend plus motivé. Et ça aide dans le but d'être motivé 24/7.

Chaque fois que j'arrête d'écrire mes buts, je commence à douter à propos de ma vie et de mon futur. Pour rester concentré et motivé dans la vie, il faut utiliser le tableau de buts, écrire les buts et en faire une partie de soi. De cette manière, on est toujours en train d'améliorer sa qualité de vie et on reste dans l'état de savoir ce qu'on fait. Le futur est votre motivation. Donc concentrez-vous fort sur votre futur, ne vous assoyez pas sur votre divan en pensant à ce que vous n'avez pas fait ou ce que vous auriez dû faire. Vous perdriez votre temps et votre énergie. Écrivez et faites les actions nécessaires sur ce que vous pouvez faire et accomplir dès aujourd'hui.

Écrire vos buts ne devrait jamais être long. Moi, cela me prend environ cinq minutes. Mais je veux que jamais vous ne pensiez aux gens autour de vous quand vous écrivez vos buts. Sinon, ils vont les influencer et vous ne voulez certainement pas cela, puisque vous voulez savoir exactement ce dont vous avez besoin pour atteindre la prospérité et la vie que vous méritez. Marcher dans les souliers des autres ou suivre les tendances de la société va au mieux vous emmener à devenir quelqu'un comme n'importe qui d'autre. Soyez uniques, il n'y a rien de mieux dans la vie que le sentiment de savoir qui on est vraiment, avec tout et sans rien du tout. Je sais maintenant qui je suis pour la première fois de ma vie et c'est incroyable, les sentiments de bonheur et de satisfaction que cela me procure.

RÉSUMÉ

Quand écrire ses buts :

- Matin et soir. N'oubliez pas aussi la suggestion, quand ça ne va pas bien dans la journée, d'écrire ses buts;
- Il vaut mieux les écrire sur papier.

Doit-on écrire les mêmes buts le matin et le soir?

- Il faut surtout écrire ce qui vient à l'esprit sur le moment;

- On va en perdre et en ajouter et certains vont revenir.

Grosseur des buts :

- Nous devrions avoir des buts sans limites et assez gros pour nous motiver.

Créativité sans mécanique :

- Il est plus facile de créer sans mécanique;
- Dans tous les secteurs de la vie.

Projeter dans le futur :

- Pour qu'un but soit atteint, il doit être pensé avant et ensuite produit;
- Vous avez sûrement déjà eu une pensée et finalement, c'est arrivé, vous avez le même pouvoir sur vos buts.

Écrire ses buts

_____

_____

_____

_____

_____

_____

_____

_____

SECTION 4

Comment donner sa propre signification à ''The Art of Goals''

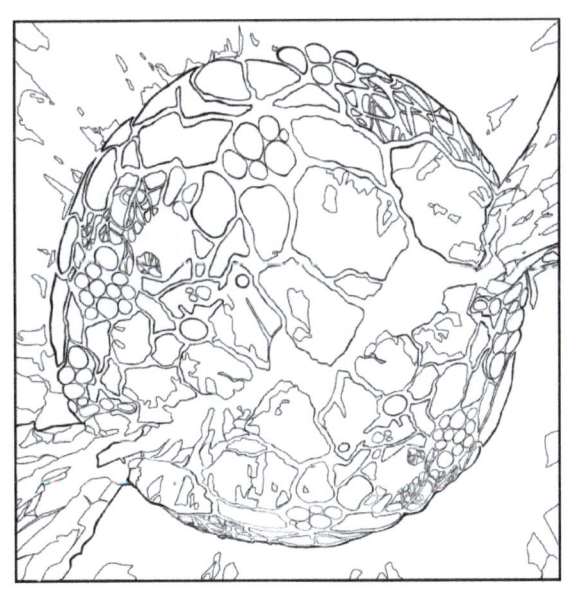

COMMENT DONNER SA PROPRE SIGNIFICATION À SON OEUVRE

Étant donné que le but de l'art est la communication, il est maintenant le temps de donner à votre œuvre votre propre signification de façon que dans un seul regard, elle vous renvoie cette intention de la même façon qu'une photo de famille communique dans un seul regard.

Maintenant que vous connaissez l'inspiration, la description et que vous avez lu davantage d'informations sur les buts écrits par Alex, il est temps de donner à votre œuvre votre propre signification.

Il faut tout d'abord avoir écrit une liste de buts.

Alors, regardez les différentes formes sur la sphère, dans la section jaune, et visualisez vos buts.
Personnellement, je n'ai pas sélectionné chaque forme de la sphère pour des buts précis. Par contre, quand je la regarde, elle me communique l'importance d'avoir une bonne quantité.

Les formes un peu plus organiques, couleur rouge, représentent du mouvement. Pour atteindre vos buts, vous allez devoir y mettre du mouvement. Cela devrait vous communiquer qu'il faut créer du mouvement ou ça peut également représenter le fait qu'il y a déjà du mouvement ou qu'il faut en mettre plus.

Les couleurs sont la créativité. Voyez votre créativité dans les couleurs. Certains buts demandent beaucoup de créativité, alors lancez-vous dans de la créativité sans limite.
Les couleurs hors de la sphère qui semblent se projeter dans un univers représentent qu'avec le travail, l'intention, la détermination et l'effort pour atteindre vos buts, ils vont se réaliser. Regarder les couleurs et les mouvements comme un but sur le point d'être atteint ou des étapes d'un but plus gros.

L'œuvre est séparée en deux sections, une jaune et une bleu-noir, représentant le jour et le soir. Alors d'un seul regard, votre œuvre va vous rappeler d'écrire vos buts le matin à votre réveil et avant de vous coucher. D'où l'importance de placer votre œuvre dans un endroit stratégique.

Il se peut que ça vous prenne un certain moment pour faire en sorte de bien intégrer votre signification à votre œuvre. Persistez à refaire l'exercice et à un certain moment, vous allez réaliser que sa communication vous atteint en un seul regard.

Une des choses que j'aime faire à l'occasion est de prendre le temps de m'asseoir devant mon œuvre avec un café et la regarder et lui redonner encore plus d'attention. Pour moi, c'est comme une mise à jour, de réajuster la communication et de renforcer l'intention que je désire recevoir du premier regard.

SECTION 5

Histoire de succès et Vision

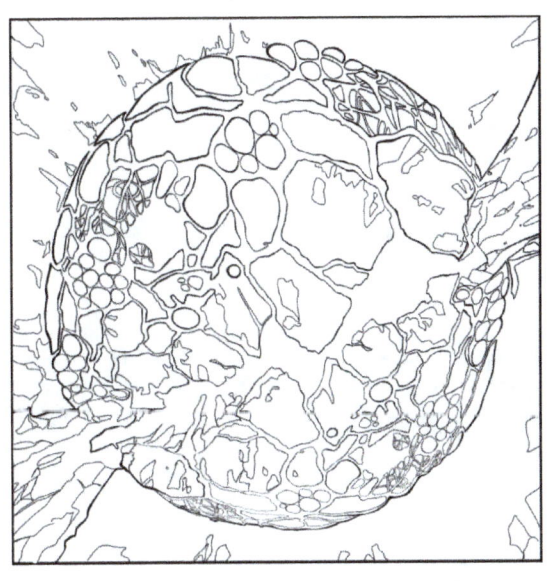

HISTOIRE DE SUCCÈS

Voici une petite histoire de succès en design :
Je reçois un appel d'un nouveau client qui me demande si je peux l'aider avec son restaurant. Ça fait trois ans qu'il est ouvert et il ne fait pas assez d'argent. Je lui rends visite et lui pose deux questions : quels changements il a faits et quel commerce était là avant lui.

Je reviens avec ma proposition. Il me dit qu'il espère que ça va fonctionner, car ses enfants lui ont donné leur accord pour qu'il prenne l'argent qu'il avait économisé pour leurs vacances pour aller voir leur grand-mère en Hongrie.

On a fait le projet. Aujourd'hui, si tu ne réserves pas le vendredi, samedi et dimanche, il sera impossible d'avoir une table.

Le vrai problème dans son entreprise était qu'il a changé très peu de choses quand il a ouvert. Il a donc embarqué dans les souliers de quelqu'un d'autre. On lui a donc donné les souliers dont il avait besoin pour se rendre à l'objectif visé.

Alors, j'ai une question pour vous.

Peut-être vos souliers vous ont-ils déjà amené où vous désiriez, mais avez-vous les bons souliers pour vos futurs objectifs?

VISION DE BERGA FOR SUCCESS

Notre vision est d'aider au succès de 8 milliards de personnes en créant des espaces puissants personnalisés à leur but.

Notre première collection POWER OF ART

L'œuvre que vous avez reçue ou avez prévu d'acheter après avoir lu ce livre en fait partie. Les sujets abordés dans cette collection sont inspirés de faits vécus, d'observations de la vie, de rencontres exceptionnelles et de beaucoup de lectures de gens inspirants et à succès.

Comme mentionné plus haut, BE-DO-HAVE fait partie des sujets dans cette collection. Il était pertinent pour moi d'aborder ce sujet. En écoutant parler les gens, tu vois que ce concept de la vie, qui est très important, est très peu connu ou du moins, utilisé.

Notre deuxième collection : LEGACY

Cette collection est pour les gens qui ont un héritage à offrir.

Nous réalisons une entrevue afin de déterminer quel sera leur héritage.
L'objectif de l'entrevue est d'avoir une entière description du sujet, pour ensuite réaliser une œuvre d'art.

Et en faire des reproductions, et créer le maximum d'impacts à travers notre mouvement.

Notre troisième collection: ART AROUND THE WORLD FOR KINDNESS

Notre objectif est de faire le tour du monde avec une œuvre sans fin, qui relie les gens entre eux. Ce sont toutes des œuvres uniques, cependant, connectées entre elles. Le tableau commence avec la fin du tableau précédent et se termine dans le suivant et ainsi de suite. À ce jour, plus de 150 tableaux ont été produits, ce qui représente 200 pieds de production d'œuvres. Cela relie des gens entre le Canada, les États-Unis et nouvellement, l'Italie.

Bientôt, un vidéo sera produit chaque semaine afin d'informer les gens sur les différentes régions que nous ajouterons à notre tour du monde et les futures régions à participer à cette aventure.

UNE DERNIÈRE CHOSE...

Après avoir lu ce livre, j'aimerais savoir si tu l'apprécies ou pas et s'il t'a été utile. Je serais vraiment reconnaissant si tu pouvais écrire un court commentaire sur Amazon. Ton support fait vraiment une différence et je lis personnellement tous les commentaires afin de pouvoir avoir ton point de vue et rendre ce livre encore meilleur.

Pour écrire un commentaire client, tu dois seulement cliquer sur la barre (écrire un commentaire client) dessous la charte de notes d'appréciations qui est dessous le livre en bas à gauche sur Amazon.

Merci encore pour votre support!

Allez sur notre page Facebook : **bergaforsuccess** pour les sujets qui nous ont inspirés et les sujets à venir.

Contactez-nous pour plus d'informations à : bergaforsuccess

PRÉPARE-TOI

Voici mon prochain livre de la collection (Power of Art).

Bientôt disponible

Sur les pages suivantes, vous pouvez voir notre œuvre d'art de haute qualité sur canevas de la collection Power of Art déjà disponible dans plusieurs formats. Le livre qui correspond à l'œuvre sera aussi bientôt disponible.

Lisez jusqu'à la fin pour obtenir mon cadeau spécial que je veux donner afin de vous remercier d'avoir acheté et lu ce livre jusqu'à la fin.

LIBERTÉ

ENGAGEMENT

A L T
ARGENT - LIBERTÉ - TEMPS

PERSISTANCE

VIVACITÉ

L'ART DES BUTS

BONUS: COUPON GRATUIT

Voici mon cadeau spécial d'une valeur de 1000$ pour vous.

Je vous donne un coupon pour un appel de 30 min avec Berga en tant que designer et artiste afin de vous aider à choisir, positionnez votre œuvre et/ou pour n'importe quelle question à propos de votre maison ou bureau.

La seule condition est que vous allez visitez notre page Facebook et appuyez sur le bouton J'aime.

Contactez-nous par courriel ou Facebook pour planifier votre appel ou pour n'importe quelle information à propos de nos œuvres, nos livres, nos services en design et n'importe quel conseil.

Courriel: bergaforsuccess@gmail.com
Page Facebook: bergaforsuccess

Ceci est le commencement de votre succès!

Utilisez les pages de notes à la fin pour commencer à créer vos nouvelles habitudes d'écrire vos buts le matin et le soir avec l'aide de l'œuvre et du livre The Art of Goals comme rappel et aide à la créativité.

Notes:

www.ingramcontent.com/pod-product-compliance
Lightning Source LLC
Chambersburg PA
CBHW050250220526
45465CB00002B/618